AF562423

LETTRE A M. LE RÉDACTEUR EN CHEF

DU CORRESPONDANT

SUR LES

TENDANCES SOCIALISTES

DE

L'ÉCONOMIE POLITIQUE MODERNE

Extrait du **CORRESPONDANT**, recueil périodique.

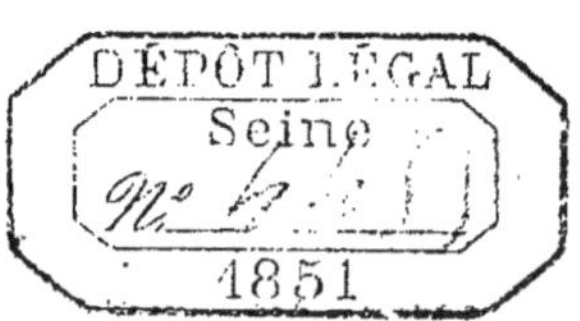

PARIS

AU BUREAU DU CORRESPONDANT

RUE DE TOURNON, 29.

1851

Sens, 29 mars 1851.

MONSIEUR,

Il s'est élevé récemment, à la tribune et dans la presse, une polémique assez animée au sujet des tendances de l'économie politique moderne. On lui a reproché d'aboutir au socialisme, et deux de ses organes officiels, MM. Blanqui et Michel Chevalier, se sont crus dans l'obligation de prendre sa défense devant l'opinion publique. Cette polémique m'a rappelé une vieille dette, que j'ai contractée autrefois vis-à-vis du *Correspondant*, et dont je me serais depuis longtemps libéré, sans mille circonstances tout à fait indépendantes de ma volonté. J'avais commencé l'examen et entrepris la réfutation des doctrines fondamentales de M. Michel Chevalier, de son point de départ en économie politique[1]. Puisque ces questions sont encore à l'ordre du jour, je viens vous demander la permission de m'acquitter envers vous, Monsieur, en vous soumettant quelques réflexions qui me semblent pouvoir, à la fois, compléter mon ancien travail et résumer la nouvelle discussion.

Depuis qu'il s'occupe d'économie politique, c'est-à-dire depuis plus de vingt ans peut-être, M. Michel Chevalier assigne à cette science un rôle gigantesque. Elle doit démontrer, contrairement à la doctrine et aux traditions chrétiennes, que l'homme n'est pas destiné à travailler toujours, sur cette terre, à la sueur de son front, et que le temps approche où *la pauvreté disparaîtra comme la lèpre a disparu*[2]. Tous les chrétiens connaissent, par l'histoire et par leur propre expérience, la vérité de ces deux paroles tombées de la bouche de Dieu, l'une au moment de la chute de l'homme : « *Désormais, tu travailleras à la sueur de ton front ;* » l'autre au moment de la Rédemption : « *Il y aura toujours des pauvres parmi vous.* » M. Michel Chevalier nie que ces paroles soient vraies. Il croit à la rédemption complète du genre humain,

[1] Voir *le Correspondant*, tome V, page 19.

[2] *Cours d'économie politique* fait au collége de France par M. Michel Chevalier, page 51. Paris, 1842.

dès ce monde, dans l'ordre matériel. Il annonce que bientôt, grâce aux progrès de l'industrie, le travail de la nature et des éléments étant partout substitué au travail de l'homme, nous obtiendrons tous, sans aucun effort, non-seulement le nécessaire, mais encore le superflu. Ce bien-être matériel, en dégageant tous les hommes de la servitude du travail, leur permettra d'acquérir et de conserver le calme de l'âme et la sérénité de l'intelligence. Ainsi sera réalisé « le rêve brillant de l'âge d'or qu'une tradition aveugle avait mis dans le passé, tandis qu'il est devant nous, s'il est quelque part en ce monde[1]. »

Il y a grande apparence, Monsieur, que si le monde va quelque part aujourd'hui, ce n'est pas vers l'âge d'or. Si M. Michel Chevalier ne partage point, à cet égard, l'appréhension générale, cela tient à une erreur bien naturelle chez un esprit aussi poétique que le sien. C'est, du reste, cette même erreur qui lui fait renier la tradition chrétienne, et qui le conduit droit, lui et l'économie politique qu'il représente, au socialisme.

M. Michel Chevalier a été, de tout temps, extrêmement frappé des progrès de l'industrie moderne. Les merveilles qu'elle enfante, et, par exemple, les énormes quantités de cotonnades qui sortent annuellement d'une seule manufacture, ont agi puissamment sur son imagination. Il se figure que, dans un temps peu éloigné, tout le genre humain sera vêtu pour rien, par le fait de quelques machines, sans que l'homme ait besoin d'y travailler. L'agriculture faisant les mêmes progrès que l'industrie, les blés pousseront à peu près tout seuls. Pour peu que les palais s'élèvent de la même manière, ce sera comme dans le royaume des fées. Nous n'aurons qu'à regarder faire et à jouir tranquillement des somptuosités que les éléments et les machines, pareils aux mains invisibles des contes de Perrault, amoncèleront autour de nous. Cette incroyable illusion fait toute l'erreur de M. Michel Chevalier.

C'est surtout quand il compare le temps actuel à l'antiquité, que l'éloquent professeur ne tarit plus sur ce que nous pouvons attendre des progrès modernes. Il est convaincu que l'esclavage antique n'a dû son existence qu'à l'absence de l'industrie ; il s'appuie, pour affirmer ce fait, sur l'autorité d'Aristote, lequel, dit-il, a eu un obscur pressentiment de la vérité. Les faits qu'il cite, les rapprochements qu'il fait ont en effet quelque chose de séduisant.

« Dans le palais de Pénélope, dit Homère, douze femmes étaient oc-

[1] *Cours d'économie politique*, page 54.

cupées nuit et jour à moudre le blé nécessaire aux besoins de sa maison. En supposant qu'elle se composât de trois cents personnes, chiffre fort exagéré assurément, nous trouvons qu'une esclave était nécessaire pour moudre le grain consommé par vingt-cinq individus. De nos jours, le moulin de Saint-Maur, près Paris, avec un personnel de vingt travailleurs, pourrait moudre journellement le blé qu'il faut pour cinq mille rations de soldats, c'est-à-dire qu'une personne suffit pour cinq mille bouches. Quelle différence !

« Dans l'industrie du fer, avec les hauts-fourneaux qui sont en usage aujourd'hui, on trouve qu'un homme suffit présentement pour faire le travail qui exigeait jadis vingt-cinq ouvriers.

« Dans la filature du lin, qui est une invention toute moderne, le progrès a été plus considérable encore, et cela, dans un espace de temps qui ne dépasse pas douze années. Par l'introduction des machines, une simple ouvrière suffit au travail que faisaient autrefois deux cent cinquante fileuses [1]. »

Quand des faits sont présentés de cette façon, il faudrait avoir une imagination bien rebelle pour ne pas se laisser entraîner à considérer l'avenir sous de très-riantes couleurs. M. Michel Chevalier est homme de beaucoup d'imagination, il se donne carrière.

« Un des plus grands esprits de l'antiquité, Aristote, examinant dans sa *Politique* la condition des esclaves, fait remarquer que si la navette et le ciseau pouvaient marcher seuls, l'esclavage ne serait plus nécessaire. Il sentait que l'homme n'était asservi à l'homme que parce que la civilisation, aux prises avec le monde matériel, était impuissante à le vaincre et à le soumettre à son service. Aujourd'hui, le monde matériel est maîtrisé; il est devenu notre serviteur, notre esclave. On peut dire que la navette et le ciseau vont se mouvoir à peu près seuls, sans qu'un agent humain leur soit servilement attaché. C'est pour cela que le jour de la liberté réelle, positive, est arrivé pour la classe la plus nombreuse.

« Dans les sociétés anciennes, les patriciens, pour s'affranchir des exigences matérielles de notre nature, tenaient sous le joug la grande majorité des hommes, ainsi convertis en instruments matériels de production. L'industrie était tellement malhabile qu'il fallait toute l'existence des neuf dixièmes de la population pour que l'autre dixième, soulagé du

[1] *Cours d'économie politique* fait au collége de France par M. Michel Chevalier, en 1840, 3e leçon, reproduite par le journal *la Patrie*, du 12 mars 1840.

fardeau et du souci de la matière, vécût en liberté. La destination du régime industriel est d'élever l'espèce humaine tout entière à cette situation d'indépendance réservée jadis à une minorité privilégiée. Ce que nous savons et voyons de l'industrie nous autorise à présager pour les sociétés modernes l'accomplissement prochain de ce magnifique progrès [1]. »

Il s'est écoulé dix ans depuis que M. Michel Chevalier a écrit cette mémorable page. C'était assurément plus de temps qu'il n'était besoin pour réaliser le progrès dont il prédisait alors le prochain accomplissement : pour réduire, par exemple, les fileuses de 1 à 0, puisque, en douze ans, elles avaient été réduites de 250 à 1.

L'humanité tout entière devrait se vêtir sans travail, sinon sans déboursés, de ces vêtements de lin si difficiles à produire autrefois. La classe la plus nombreuse, dégagée d'une partie des exigences matérielles de notre nature, aurait dû faire un pas de plus vers la liberté patricienne. Et pourtant, Monsieur, il n'en est rien. Il n'est pas nécessaire, pour nous assurer qu'il n'en est rien, d'aller dans ces caves de Lille dont on a tant parlé, demander aux infortunés qui les habitent ce qu'ils pensent de leur situation et de leur progrès vers l'âge d'or ; nous n'avons qu'à considérer notre situation personnelle, qu'à supputer la diminution que notre fortune et notre bien-être ont subie depuis trois ans, pour que ce beau rêve de l'âge d'or, si nous l'avions fait, s'évanouisse. Mais M. Michel Chevalier a le sommeil dur : il persiste. Voici ce que je lis dans la troisième leçon de son cours de 1849, reproduite par le journal *la Patrie* le 12 mars de la même année :

« Aristote eut un éclair de génie quand un jour, dans sa *Politique*, amené à parler de l'esclavage, il avança cette hypothèse : Si la navette et le ciseau pouvaient marcher tout seuls, il n'y aurait plus d'esclaves. Ce qu'Aristote regardait comme impossible, le capital l'a réalisé ; c'est lui qui a résolu le problème de faire marcher seuls la navette et le ciseau. »

Ainsi la question est définitivement tranchée pour M. Michel Chevalier. C'est un parti pris sur lequel les événements ne peuvent rien. En droit et en fait, comme on dit au Palais, sa conclusion est absolue. En droit, l'homme est destiné à vivre sans travail personnel. En fait, ce progrès est déjà réalisé, du moins en grande partie, puisque la navette et le ciseau marchent seuls.

[1] *Cours d'économie politique*, page 52.

Je dis, Monsieur, en premier lieu, que l'enseignement fondé sur ces bases conduit droit au socialisme; en second lieu, que cet enseignement est radicalement faux.

Admettons pour un moment que le moulin de Saint-Maur, dont le mécanisme fait l'admiration de M. Michel Chevalier et la mienne, réalise encore un nouveau progrès, et, sans rien réduire de sa production, n'ait plus besoin que d'un personnel de dix travailleurs, au lieu de vingt qui sont encore nécessaires aujourd'hui à son exploitation. Ce n'est pas une vaine hypothèse, pour M. Michel Chevalier surtout, puisqu'il paraît croire qu'un jour le moulin marchera tout seul. Les dix travailleurs devenus inutiles seront nécessairement congédiés par le propriétaire ou le capitaliste à qui appartient l'usine. Je suppose que ces ouvriers se présentent alors devant M. Michel Chevalier, accompagnés des deux cent quarante-neuf fileuses que les progrès de la filature de lin ont déjà dispensées de tout travail personnel, et qui se trouvent ainsi, suivant l'expression du docte professeur, *soulagées du fardeau et du souci de la matière*, et je me demande ce que M. Michel Chevalier répondrait à l'allocution suivante prononcée par l'orateur de la troupe :

« Monsieur, nous connaissons vos doctrines et nous les admirons. Nous sommes persuadés comme vous que le jour est proche où, la navette et le ciseau marchant seuls, le travail personnel de l'homme sera supprimé. Nous ne le saurions pas, qu'en ce moment notre propre expérience nous l'apprendrait. Car, grâce aux perfectionnements introduits dans les industries auxquelles nous appartenions, nous voici sans ouvrage.

« Confiants dans l'avenir que la science nous promet, nous ne voulons pas imiter les insensés qui, sur divers points de la France et à plusieurs reprises, ont brisé les machines, qui, disaient-ils, leur cassaient les bras. Qu'importe qu'on se casse les bras, si l'on n'a plus besoin de s'en servir. Nous comptons bien, et votre parole nous en est un sûr garant, que les machines, loin de nous ôter notre pain, vont au contraire nous le donner sans travail. Vivre sans rien faire est un programme qui a trop de charmes pour que nous n'essayions pas de le réaliser. Il l'est déjà à moitié, puisque nous n'avons plus rien à faire. Reste à réaliser l'autre moitié, qui est de vivre. Plusieurs d'entre nous pourront vivre encore quelques jours sur leurs petites économies; mais ils en verront bientôt la fin, et tous se demandent dès à présent par quel moyen ils se procureront, non pas même le superflu, mais les choses les plus nécessaires à la vie.

« Nous y avons longuement pensé, monsieur, et, en vérité, nous ne voyons qu'un moyen de nous tirer d'embarras. Ce moyen est simple, facile, équitable, et nous pensons, quoique vous n'ayez jamais donné à cet égard d'explication précise, que vous nous aiderez à le faire adopter, car il est une conséquence directe et absolue de la doctrine de progrès et d'amour du bien-être qui nous est commune.

« Vous avez dit, en effet, Monsieur, et nous croyons avec vous que les machines doivent remplacer le travail de l'homme dans la production de la richesse. Or, dans la richesse produite par notre travail, nous avions une part sous le nom de *salaire*. Ce salaire nous faisait vivre. Si vous voulez que nous puissions continuer de vivre, il est indispensable que vous nous donniez aujourd'hui une part dans les produits de la machine qui nous a remplacés. Pour remplir même entièrement la promesse que vous nous avez faite au nom de l'économie politique, cette part devra être supérieure à celle que nous avions autrefois; car nous avions à peine le nécessaire, vous l'avez reconnu cent fois, et vous avez annoncé que les machines multipliant indéfiniment la production, vous nous donneriez jusqu'au superflu, et que, nouveaux patriciens, nous aurions, avec le bien-être, la dignité, la liberté, le calme de l'âme et les loisirs de l'intelligence.

« Nous espérons donc, Monsieur, que vous voudrez bien nous aider à obtenir cette part de produits qui nous est indispensable et à laquelle nous avons droit. C'est, nous le répétons, un moyen simple, facile, équitable, de nous tirer d'embarras, et nous comptons sérieusement sur votre concours pour le faire accepter des gouvernements.

« Peut-être nous objecterez-vous, Monsieur, que ceci n'est pas sans difficulté. La société au sein de laquelle nous vivons n'a jamais voulu permettre, jusqu'à présent, qu'on attribuât à d'autres qu'au capitaliste ou au propriétaire une part quelconque dans le produit du capital ou de la propriété que l'on proclame inviolables. Ceci est parfaitement vrai; mais vous êtes trop intelligent, Monsieur, pour ne pas comprendre que si l'état social actuel, avec son principe de la propriété exclusive, devait continuer à subsister, les machines, dont nous admirons avec vous les merveilleux résultats, nous auraient rendu un fort mauvais service. Elles nous procureraient, il est vrai, l'agrément de nous dispenser du travail; mais en même temps nous aurions le désagrément de mourir de faim. Il est donc de toute nécessité, si vous voulez que nous puissions vivre et jouir des magnifiques progrès tant de fois prophétisés par vous, que les machines, les capitaux, tous les objets destinés à produire sur la terre la richesse, deviennent la propriété commune des hommes, et que la richesse produite soit partagée entre eux suivant leurs besoins. C'est là, il est vrai, un changement radical à opérer dans l'ordre social ; mais nous comptons trop, Monsieur, sur vos lumières et votre bonne foi, pour croire que vous hésitiez un seul instant à réclamer un changement si juste, si désirable, et qui doit assurer, avec le pain de chaque jour, la liberté et le bonheur aux classes ouvrières que vous avez toujours tant aimées.

« Cependant, Monsieur, nous ne nous dissimulons pas que vous éprouverez des difficultés dans l'accomplissement de cette noble entreprise. Le vieux monde, les vieux intérêts résisteront. Aussi, comme nous sommes avant tout des hommes paisibles, des hommes d'ordre, nous ne demandons pas mieux, si cela peut faciliter votre tâche, que de faire, pour quelque temps, le sacrifice d'une partie de nos justes prétentions. Nous consentirons donc à ne point demander immédiatement la mise en commun des propriétés, des capitaux, des machines. Elles resteront provisoirement entre les mains de ceux qui les possèdent ; mais alors ceux-ci continueront à nous payer le salaire que nous recevions autrefois. On appellera ce droit transitoire le droit au travail, au salaire, à la rente, peu nous importe. Nous ne tenons pas au nom, pourvu que nous tenions la chose, et pourvu qu'il soit reconnu que, les machines supprimant le travail et par suite le salaire qui nous faisait vivre, nous avons le droit de recevoir une somme équivalente à ce salaire, droit sans lequel, encore une fois, les progrès tant vantés de l'industrie n'aboutiraient qu'à nous mettre dans la nécessité de mourir de faim. »

Que pourrait répondre M. Michel Chevalier à ce simple discours ? Rien. Il n'aurait qu'à donner son assentiment et promettre son concours, à moins qu'il ne préférât abjurer ses principes. La mise en commun de tous les biens de la terre, qui est le dernier mot de ce qu'on appelle le socialisme, est la conséquence nette, directe, absolue, des doctrines d'économie politique professées par M. Michel Chevalier. S'il ne veut pas accepter cette conséquence, il doit renoncer aux doctrines d'où elle découle. S'il persiste à les soutenir, s'il persiste à proclamer qu'en droit l'homme est destiné à vivre sans travail personnel, et qu'en fait ce progrès est déjà réalisé, il ne peut repousser les déductions socialistes sorties de ces prémisses qu'avec des arguments chargés à mitraille. Je le défie d'en trouver d'autres.

L'enseignement de M. Michel Chevalier sur la loi du travail conduit donc droit au socialisme.

J'ai ajouté que cet enseignement est radicalement faux.

Cette seconde proposition ne sera pas plus difficile à établir que la première; M. Michel Chevalier lui-même m'y aidera ; car s'il s'obstine à nier que la loi du travail à la sueur du front doive durer autant que le monde, il a du moins déclaré quelque part, très-explicitement, qu'en fait, malgré les progrès de l'industrie, et précisément à cause de ces progrès, l'homme travaille aujourd'hui plus que jamais. C'est là une singulière déclaration de la part d'un homme qui professe que la navette et le ciseau marchent maintenant tout seuls, et que dès lors le plus mince ouvrier va devenir un patricien. Mais il ne faut pas trop s'en étonner ; l'économie politique n'est point avare de ces sortes de contradictions. Celle-ci, cependant, dépasse les proportions ordinaires et vaut la peine d'être expliquée.

Les ouvriers dans la bouche desquels nous avons mis tout à l'heure une courte allocution sont des hommes calmes et éclairés. Ils ont suivi au Collége de France, en 1849, le cours de M. Michel Chevalier ; ils y ont appris toute la reconnaissance qu'ils doivent au capital, et comment celui-ci est un des grands libérateurs de l'humanité, puisque, faisant marcher seuls la navette et le ciseau, il rend le travail inutile. Ils trouvent le capital bon, utile, agréable, nullement infâme, et sont tout disposés à en prendre leur part : ils ne regardent de travers que le capitaliste. Ceci, du reste, est un peu la faute de M. Michel Chevalier, qui, dans son cours, fait tous les efforts imaginables pour sauver la caisse, mais qui perd de vue le caissier. Quoiqu'il en soit, les ouvriers qu'il a formés raisonnent parfaitement, comme nous l'avons vu, et ne s'adressent qu'à la raison et à la conscience du professeur pour obtenir justice.

Il en est d'autres qui se sont montrés moins accommodants. Se voyant, grâce aux progrès de l'industrie, remerciés par leurs patrons, sans travail et sans pain, la patience leur a manqué. Ils ne se sentaient pas de force à changer, soit par le raisonnement, soit par les armes, l'état social qui attribue au capitaliste les machines et tous leurs produits. Peut-être même n'avaient-ils pas encore à cet égard les espérances flatteuses que beaucoup d'entre eux entretiennent aujourd'hui. Alors, ils se sont écriés brutalement : « Les machines nous cassent les bras, cassons les machines! » Et on les a vus en effet, à diverses époques, briser les machines qui leur ôtaient leurs moyens d'existence.

C'était là un cas grave. Il n'a pas été porté seulement devant les tribunaux: l'économie politique a dû s'en préoccuper; elle a été appelée à prononcer son jugement dans la cause, à disculper ou à condamner ces ouvriers. Qu'a-t-elle dit? Je vous recommande sa décision, Monsieur, et à tous ceux qui ces présentes verront. C'est par cette décision que M. Michel Chevalier s'est donné à lui-même un si formel démenti:

« Examinons s'il est vrai, comme on le prétend, que les machines enlèvent à l'ouvrier son travail et sa subsistance.

« Les faits qui, en pareille matière, valent bien les raisonnements, contredisent radicalement cette allégation. Pour s'en convaincre, il suffit d'observer la marche de l'industrie depuis une cinquantaine d'années. Je citerai particulièrement l'industrie cotonnière, parce que c'est une de celles que les inventions mécaniques ont révolutionnées le plus profondément, et en même temps parce qu'elle est une des plus importantes de l'Europe...... C'est en Angleterre que cette industrie a pris son plus grand développement, qu'elle a acquis ses plus larges proportions.

« Cherchons donc quel a été, sur le sort des ouvriers qu'elle faisait vivre dans ce pays, l'effet de l'introduction des machines.

« Il y a soixante-dix ans (en 1769), lorsque Arkwright prit son premier brevet d'invention pour sa machine à filer, il y avait en Angleterre, d'après des documents officiels :

	5,200	fileuses au petit rouet,
et	2,700	tisseurs,
en tout	7,900	personnes occupées à la fabrication des étoffes de coton.

« ..... Il y eut alors des coalitions et des émeutes contre la machine d'Arkwright et contre celle de Hargreaves, dont les essais avaient devancé de deux ans ceux de l'heureux barbier. L'ingénieux inventeur lui-même eut bien des contrariétés à subir, bien des obstacles à vaincre. Il fit à sa machine plusieurs changements, pour lesquels il prit successivement plusieurs brevets. D'un autre côté, la machine à vapeur de Watt, qui devait généraliser l'emploi du métier d'Arkwright, ne fut inventée qu'en 1774; bref, ce ne fut guère qu'en 1776 ou 1777 que les filatures de coton mues par la vapeur commencèrent à se répandre dans le Royaume-Uni.

« Or, en 1787, dix ans après, pas davantage, une enquête eut lieu par ordre du Parlement, et il fut constaté, non-seulement que le nombre des ouvriers employés dans les manufactures de coton n'avait pas diminué, mais qu'il s'était au contraire considérablement accru. Les relevés statistiques fournis par l'enquête prouvent qu'il y avait alors :

	105,000	personnes employées dans les filatures,
et	247,000	employées au tissage,
en tout	352,000	personnes.

« C'était une augmentation de 4,400 pour 100.

« Depuis cette époque, la mécanique s'est singulièrement perfectionnée : on a fait successivement la même besogne avec beaucoup moins d'ouvriers, et bien des travaux qui s'exécutaient à main d'homme ont pu être accomplis par la vapeur. Il aurait dû résulter de cela, dans le système des adversaires des machines, une réduction dans le personnel des ouvriers occupés au travail des cotonnades. C'est justement le contraire qui est arrivé. Les documents statistiques consignés dans le bel ouvrage de M. Baines, sur l'industrie cotonnière[1], établissent qu'il y avait, en 1833, dans le Royaume-Uni :

	237,000	ouvriers employés à la filature et au tissage mécanique
et	250,000	tisserands à la main,
en tout	487,000	personnes employées, en 1833, seulement à la filature et au tissage des étoffes de coton.

« En comptant les ouvriers occupés aux industries latérales, à l'impression des étoffes, à la fabrication des tulles et des broderies, à la bonneterie, et encore à d'autres opérations secondaires, M. Baines arrive au chiffre de 800,000 ouvriers.

« Il convient de remarquer que ces 800,000 ouvriers nourrissaient, avec le produit de leur travail, des vieillards, des femmes, des enfants; de sorte qu'on peut évaluer avec M. Baines à plus de 1,500,000 le nombre des personnes qui vivaient à cette époque du salaire des ouvriers employés dans les manufactures de cotons.

« Mais M. Baines va plus loin. Comprenant avec raison dans ses calculs les mécaniciens qui construisent les machines et les réparent, les maçons qui bâtissent les fabriques, les menuisiers qui font les métiers; il estime que cela compose un personnel supplémentaire de 100,000 ou-

[1] *History of the cotton manufacture.* Londres, 1835.

vriers, sans compter les enfants et les vieillards. Enfin, en tenant compte de toutes les professions qu'a engendrées l'industrie cotonnière, on peut estimer que les métiers à filer, qui devaient, disait-on, ruiner les 7,900 fileurs ou tisseurs, témoins de leur découverte, ont mis cette industrie sur un pied tel, qu'en 1833 elle donnait la subsistance à deux millions de personnes.

« Depuis 1833, les mêmes causes ont continué de produire les mêmes résultats. La mécanique a perfectionné ses procédés, les machines se sont multipliées dans une assez notable proportion, et le nombre des individus qui vivent du travail des cotonnades n'a cessé de s'accroître. Je ne crois pas qu'il soit aujourd'hui inférieur à 2,500,000.

« En présence de pareils chiffres, que devient cette allégation, que les machines privent les ouvriers de travail[1] ? »

En présence de pareils chiffres, que devient, demanderai-je à mon tour, cette allégation, que, grâce aux machines, la navette et le ciseau vont désormais marcher tout seuls ?

Que devient cette allégation, que la classe la plus nombreuse, délivrée de la servitude du travail, soulagée du fardeau et du souci de la matière, va être élevée au rang des patriciens d'autrefois ?

Que devient cette allégation que l'âge d'or est devant nous, s'il est quelque part en ce monde ?

Que devient cette allégation, que la pauvreté va disparaître comme la lèpre a disparu ?

Je crois, Monsieur, que la contradiction est palpable. Si M. Michel Chevalier a raison quand il soutient que les machines, loin de diminuer le travail de l'homme, le multiplient au contraire, il a tort quand il soutient que nous touchons à une époque où, la navette et le ciseau marchant seuls, le travail et la pauvreté disparaîtront. Or, il a cent fois raison de soutenir que les machines multiplient le travail. Elles commencent presque toujours, à la vérité, par le déplacer, et les ouvriers de l'industrie où elles sont introduites en éprouvent une souffrance momentanée. Mais ils ne tardent pas à être employés en plus grand nombre qu'auparavant. C'est ce qui est arrivé pour les chemins de fer, comme le fait très-justement observer M. Michel Chevalier. Il semble, au premier abord, que, par l'établissement d'une ligne nouvelle, on doit priver de tout travail les hommes et les chevaux précédemment occupés sur le parcours de cette ligne. Il n'en est rien. Les chemins de fer mul-

[1] *Cours d'économie politique*, pages 132 à 136.

tiplient les voyages et les échanges dans une proportion considérable, et par eux-mêmes ils nécessitent déjà la présence et le travail d'un grand nombre d'employés et d'ouvriers. Mais, en outre, l'établissement de pareilles voies de transport produit un tel accroissement dans les communications latérales, qu'il en résulte bientôt de l'emploi pour plus d'hommes et de chevaux que n'en occupaient auparavant les routes ordinaires.

Il en est de même pour toutes les industries. La raison économique de ce phénomène est très-simple. L'emploi des machines fait augmenter la production dans une proportion considérable. Il en résulte que le prix des marchandises baisse et que la consommation augmente ; en sorte que, « pour se tenir au niveau de cette consommation, les fabricants sont obligés d'augmenter le personnel de leurs ouvriers dans une proportion plus forte que l'emploi des machines ne tendait à le réduire [1]. »

Je m'empare de cette conclusion formulée par M. Michel Chevalier lui-même, je la retourne contre ses prémisses, et je dis que loin de délivrer l'humanité du fardeau et du souci de la matière, les progrès de l'industrie et l'invention des machines la livrent au contraire de plus en plus à la servitude du travail.

Que l'économie politique efface donc de ses livres, qu'elle écarte de son enseignement ces pages et ces tirades déclamatoires où elle appelle la classe la plus nombreuse au bien-être, aux loisirs de la richesse, à la liberté et aux jouissances patriciennes, où elle surexcite ses désirs et ses passions, où elle lui montre l'âge d'or. Séduit par ce brillant mirage, le pauvre s'élance à la poursuite des biens qu'on lui a promis. Il les voit fuir devant lui. Victime de continuelles déceptions, il finit par s'en prendre au riche, au propriétaire, au capitaliste, à tous ceux qui jouissent paisiblement de la fortune qu'il envie, à l'ordre social qui les protége contre lui. Alors l'économie politique reconnaît, mais trop tard, qu'elle s'était trompée. L'ère des révolutions sociales a commencé : elle ne finira que quand l'homme, instruit par l'adversité, par la misère, par tous les maux qu'entraîne la violation des lois divines, courbera de nouveau son front devant les enseignements chrétiens et reconnaîtra la nécessité de la loi du travail.

Je ne prétends pas, je vous prie de le remarquer, Monsieur, qu'il soit impossible à l'homme d'augmenter son bien-être matériel, d'alléger sa pauvreté, d'adoucir ses misères.

[1] *Cours d'économie politique*, page 140.

Si je le prétendais, j'irais contre la réalité. Mais je soutiens que, conformément à la parole de Dieu, ce bien-être est trempé de nos sueurs ou de celles d'autrui, et qu'à chacun de nos progrès matériels correspond un accroissement de travail équivalent. Le thème de M. Michel Chevalier est celui-ci : Le bien-être matériel peut augmenter pendant que le travail de l'homme diminue, parce que les machines nous viennent en aide : en conséquence, dans un temps donné, tous les hommes auront le bien-être matériel, sans travail ou avec un travail modéré ; tous les hommes seront riches. Je dis aussi que le bien-être matériel de l'homme peut augmenter, mais à la condition expresse que le travail personnel de l'homme augmentera dans la même proportion, quoique les machines nous viennent en aide. J'en conclus résolument, d'abord, que la quantité de travail personnel qu'un homme peut fournir étant bornée, il y a une limite de bien-être que l'humanité ne dépassera jamais ; ensuite, que jamais la classe la plus nombreuse n'atteindra à la situation d'indépendance matérielle de la minorité patricienne d'autrefois. J'ajoute qu'il ne faut engager l'homme à la conquête du bien-être matériel qu'avec une extrême réserve, parce que cette conquête devant se faire à force de travail, on est bientôt entraîné à surcharger de travail le pauvre, l'ouvrier, et jusqu'à l'enfant. Je dis enfin qu'une foule d'hommes, étant, par mille raisons différentes, accidents, maladies, infirmités du corps, infirmité de l'intelligence, incapables de travail, il y aura forcément toujours des pauvres, des hommes qui ne pourront vivre, avoir le bien-être, qu'au moyen du travail d'autrui, c'est-à-dire au moyen de l'aumône, sous quelque forme qu'on la fasse et quelque nom qu'on lui donne. Voilà ma thèse, et l'expérience de tous les jours, jointe aux chiffres si éloquents de M. Michel Chevalier, m'en démontre la vérité.

Pour me convaincre que cette thèse est vraie, pour être sûr que le travail de l'homme n'a pas diminué sur la terre, malgré l'introduction des machines, et que le bien-être matériel est à mille lieues de ce qui serait indispensable pour élever la classe la plus nombreuse au rang de la classe patricienne, je n'ai pas besoin de dénombrer les armées de travailleurs qu'emploie l'industrie moderne. Je n'ai pas besoin d'interroger les tisserands à la main de la Grande-Bretagne et leur effroyable misère, ni les filateurs des Flandres, ni ces trois cent mille émigrants que, chaque année, l'Europe verse sur les plaines immenses de l'Amérique. Je n'ai pas besoin de porter mes regards sur la riche Angleterre qui bâtit des palais à l'industrie, tandis qu'à ses portes, le Christ, pour me servir de l'énergique expression de saint Jérôme, le Christ dans la personne du pauvre Irlandais, meurt de faim [1]. J'entre dans la demeure du paysan de France, celui que l'économie politique aime à montrer comme le type du progrès matériel accompli de nos jours. Sur son toit, la tuile a remplacé le chaume; dans sa maison, la terre, autrefois nue, est recouverte d'un carrelage; le lit est plus doux et les meubles plus commodes. Je me plais à constater ce progrès. Mais il faut savoir aussi reconnaître à quel prix il a été obtenu. Le paysan se lève avec le jour : il ne se repose pas toujours avec la nuit; il ne connaît ni dimanches, ni fêtes; il n'a plus de jours de repos. L'ouvrier, celui qui a fabriqué cette tuile, qui a posé ce carrelage, façonné ces meubles, tissé ces étoffes, cet ouvrier non plus ne connaît guère de jours de repos. En outre, là où un seul suffisait pour tisser, par exemple, l'étoffe dont se servait le paysan d'autrefois, il en faut aujourd'hui cinq cents, si j'en crois les calculs de M. Michel Chevalier. De sorte qu'évidemment ce bien-être du paysan, encore si restreint et qui est si loin du bien-être des classes libres et riches de l'antiquité, n'a pu s'acquérir qu'en augmentant sur la terre et la quantité du travail et le nombre des travailleurs.

Il y a une corrélation si intime entre l'augmentation du bien-être et celle du travail, que deux lois récentes, ayant toutes deux pour but de réduire la quantité de travail produite journellement dans certaines industries, sont demeurées sans exécution, à cause de la diminution de bien-être qui devait en résulter. Ce sont, d'une part, la loi qui réduisait d'une heure la journée de l'ouvrier; d'autre part, la loi qui réglait le temps et le mode de travail des enfants dans les manufactures. Rien de plus louable que les motifs de ces deux lois. Donner, chaque jour, une heure de loisir à l'ouvrier pour qu'il l'emploie à cultiver son intelligence, ménager les forces de l'enfant et empêcher qu'un travail trop prolongé ne ruine sa santé et n'abrutisse son âme, assurément c'était un but digne d'être atteint. On l'a manqué. La suppression d'une heure de travail, soit pour les hommes faits, soit pour les enfants, entraînait après elle comme conséquence forcée, ou la diminution du salaire de l'ouvrier, ou la diminution et, dans certains cas, la suppression des bénéfices du fabricant, ou l'augmentation du prix des produits pour le consommateur;

[1] Auro parietes, auro laquearia, auro fulgent capita columnarum; et nudus atque esuriens antè fores nostras Christus in paupere moritur. (*Hieronymus ad Gaudentium.*)

c'est-à-dire une diminution de bien-être matériel pour l'ouvrier ou pour le fabricant, ou pour le consommateur. Personne n'a voulu consentir à cette diminution, ni l'ouvrier qui tenait, tout en travaillant moins, à toucher le même salaire, ni le père de famille à qui l'enfant aurait coûté davantage et n'aurait rien rapporté, ni le fabricant qui ne voulait rien perdre sur ses bénéfices déjà peut-être très-restreints, ni le consommateur qui ne se souciait pas de payer plus cher les produits manufacturés. En sorte que les ouvriers et les enfants ont continué, malgré les lois, à fournir la même quantité de travail qu'auparavant. Ils sont demeurés victimes de la nécessité de vendre et du désir d'acheter à meilleur marché. Et qu'est-ce qu'acheter à meilleur marché, sinon, avec la même somme d'argent, avec le même salaire, avec le même produit, se procurer une plus grande quantité des objets que l'on désire, c'est-à-dire augmenter son bien-être matériel ?

Aussi disais-je tout à l'heure que non-seulement l'accroissement du bien-être matériel avait pour corollaire infaillible une augmentation de travail, mais encore que le genre humain ne devait se porter à la recherche du bien-être matériel qu'avec une extrême réserve. Il arrive un moment où les forces de l'homme défaillent à la tâche, où l'esclavage antique se rétablit sous une autre forme, où l'enfance même, la sainte enfance, est sacrifiée à l'amour du bien-être et courbée, avant l'heure, sous la servitude du travail.

Il faut, du reste, Monsieur, se garder de confondre cette servitude du travail, quand elle est renfermée dans de justes bornes, avec la servitude antique. En citant Aristote sur ce point, M. Michel Chevalier ne l'a pas compris. Il attribue à ce philosophe un éclair de génie qu'il n'a jamais eu et qui lui ferait peu d'honneur. Aristote n'entrevoyait pas que la navette et le ciseau dussent jamais marcher seuls. Il était, sous ce rapport, meilleur observateur que M. Michel Chevalier et savait que c'est là une merveille impossible. Cette impossibilité lui paraissait justifier l'esclavage, car il en tirait la conséquence que le genre humain devait être nécessairement divisé en deux classes, les hommes libres chargés de gouverner le monde et de cultiver la philosophie, et les esclaves chargés de travailler des mains pour nourrir, vêtir, loger eux-mêmes et les hommes libres. De nos jours, le fait reconnu par Aristote n'a pas changé. Si la main de l'homme ne touche plus toujours immédiatement la navette et le ciseau, elle touche les agents intermédiaires qui les mettent en mouvement, ce qui revient exactement au même. D'ailleurs, la navette et le ciseau ne se font pas tout seuls, non plus que les machines admirables que l'on y substitue. Des ouvriers sont nécessaires pour leur fabrication : il en faut même d'autant plus que les machines sont plus compliquées et plus merveilleuses. Si donc l'esclavage n'avait eu pour raison d'être que l'impossibilité de faire marcher seuls la navette et le ciseau, il subsisterait encore. Or, il a disparu, du moins en Europe. Il en faut conclure que son existence tenait à des causes autres que celles indiquées par Aristote. Ces causes ont été supprimées ; mais l'industrie n'est pour rien dans leur suppression. C'est au Christianisme seul qu'en revient tout entier l'honneur. Il ne serait pas difficile de le démontrer rigoureusement.

En faisant disparaître l'esclavage, le Christianisme n'a point aboli la loi du travail, mais il l'a singulièrement adoucie. Autre chose est de travailler pour un maître, autre chose de travailler pour soi. Le travail de l'homme libre, du père de famille qui comprend ses devoirs et sa dignité de chrétien, a une noblesse et un charme inconnus à l'esclave des temps anciens. L'Eglise catholique, rappelant l'enseignement divin des premiers jours du monde, a fait du travail, pour tous les hommes, un moyen d'expiation et à la fois de rédemption. Elle a mis la paresse au rang des péchés capitaux ; c'est pour elle un proverbe que l'oisiveté est la mère de tous les vices. L'Eglise connaît la nature humaine mieux que ne le fait M. Michel Chevalier, son contradicteur. Loin d'appeler la classe la plus nombreuse à la liberté patricienne, elle ordonne aux patriciens de prendre leur part du travail de l'humanité. Elle ne veut pas que ni le riche ni le pauvre s'abandonnent à tous les beaux rêves de l'économie politique moderne. Elle a grandement raison. L'âge d'or, où les éléments travaillaient pour l'homme, où, débarrassé du fardeau et du souci de la matière, il ne vivait que de la vie de l'intelligence et du cœur, n'existe plus ici-bas. Plus les siècles marchent, plus le nombre des hommes qui ne travaillent pas diminue. Nous touchons au temps où il ne sera possible à personne de vivre sans rien faire. Ce n'est pas le moment d'ameuter l'ouvrier contre la loi du travail.

Ce n'est pas davantage le moment de lui montrer la richesse comme arrivant à sa portée, de telle sorte qu'il n'a plus qu'à étendre la main pour la saisir. On le condamne ainsi au supplice de Tantale. L'Eglise, qui connaît mieux, ici encore, la nature humaine que M. Michel Chevalier, ne proscrit pas le bien-être matériel, mais elle s'en défie ; elle recommande de ne le rechercher qu'avec prudence et de n'en user qu'avec sobriété.

Elle sait qu'en semblable matière, l'abus suit de près l'usage. Aussi dit-elle qu'il suffit à l'homme d'avoir le nécessaire, et elle ajoute que, pour lui, le superflu est plutôt un danger qu'un avantage. Elle l'invite même à s'imposer parfois la privation du bien-être physique, comme un plus sûr moyen de dégager son intelligence des liens de la matière, de réprimer ses mauvais penchants, de s'exciter à la vertu et d'en mériter les récompenses, *Deus, qui, corporali jejunio, vitia comprimis, mentem elevas, virtutem largiris et præmia*, dit-elle dans le temps de l'année ecclésiastique où nous nous trouvions naguères. Voilà de l'économie politique saine et vraie. On trompe le genre humain quand on cherche à lui persuader que les progrès de l'industrie et des machines lui permettront de satisfaire, sans travail, tous ses besoins et tous ses caprices. C'était bon quand le genre humain se trouvait renfermé tout entier dans une petite minorité d'hommes libres, quand l'esclave ne comptait pas, n'était qu'une chose, *res*. Mais à présent que le genre humain c'est *tous les hommes*, il faut que ceux-ci sachent au contraire : d'abord, que le travail est la première condition du bien-être ; ensuite, que le travail est impuissant à leur donner tout le bien-être auquel ils aspirent, et que, par conséquent, il est nécessaire qu'ils s'efforcent eux-mêmes, tout en travaillant, de modérer leurs désirs et de diminuer leurs besoins.

A entendre l'économie politique moderne, il semble que l'homme ne puisse vivre librement de la vie de l'intelligence et du cœur, que quand tous ses appétits physiques sont largement satisfaits. Les saint-simoniens ont beaucoup contribué à mettre cette sottise à la mode. C'est au contraire un lieu commun d'histoire et de morale, que l'homme est d'autant plus libre de son intelligence et maître de son cœur, qu'il est plus dégagé de la servitude de ses organes. Que de fois, au collége, on nous a proposé pour modèle la sobre jeunesse de Cyrus ! Sparte et Rome, nous disait-on, devaient en partie leur grandeur à la vie frugale de leurs premiers habitants ; l'armée d'Annibal s'était perdue dans les délices de Capoue. Le Christianisme a entouré cette vieille vérité d'une nouvel éclat. Tous ses grands hommes, tous ses saints, sans aucune exception, se sont contentés personnellement d'un bien-être matériel extrêmement restreint. Ils se sont imposés, sous ce rapport, une mortification continuelle, qui parfois même nous paraît excessive, mais qui n'a pas peu contribué à ouvrir un champ plus vaste et plus libre à leur génie. Ce sont les évêques et les moines, des hommes qui faisaient vœu de pauvreté, et qui, au milieu de tribus guerrières, n'avaient pour armes que le travail, le jeûne et l'aumône ; ce sont eux qui, au moyen âge, ont sauvé le monde et fondé la civilisation moderne. Cette civilisation court le risque de crouler aujourd'hui, précisément parce que personne ne veut plus être pauvre et que, de toutes parts, les faux prophètes annoncent la venue de la richesse. Ils ne parlent que d'affranchir le monde de la servitude du travail; l'abstinence est l'objet de leur risées, et nous les entendons tous les jours blasphémer le nom sacré de l'aumône. Les économistes, les bons bourgeois qui ont aidé à répandre ces doctrines, peuvent déjà en mesurer les conséquences. Ils peuvent entrevoir le moment où ils travailleront, où ils jeûneront, où ils feront l'aumône malgré eux. Le socialisme menace de leur faire pratiquer de force les vertus chrétiennes qui ne leur serviront de rien et ne sauveront rien, parce qu'elles ne sont des vertus et n'ont de vertu (veuillez me permettre ce jeu de mots profondément vrai) que lorsqu'elles sont pratiquées volontairement.

Faute d'avoir compris ces vérités, M. Michel Chevalier, comme tant d'autres, entretient le vain espoir d'éteindre la misère et de faire disparaître la pauvreté; la pauvreté, que notre Seigneur Jésus-Christ a nommée sainte et heureuse, et que lui il appelle une lèpre ! L'homme, s'est-il dit, est misérable; il est infecté de cette lèpre, parce qu'il n'a pas de quoi satisfaire à tous ses besoins; créons par le développement de l'industrie, par l'invention des machines, par une production incessante, tout ce qu'il demande, et la misère s'évanouira, la lèpre disparaîtra.

« Il faut accroître la production; il faut accroître la puissance productive des sociétés. C'est là la grande affaire de notre temps, un des plus sérieux objets qui doivent occuper la politique, le souverain remède qui doit tant aider à amener la fin de nos plus pénibles misères. Tel est aussi le problème que l'économie politique a pour principale mission de résoudre aujourd'hui[1]. »

Il a raison; c'est là toute son économie politique : aussi n'a-t-elle rien résolu. Les problèmes formidables de la pauvreté et de la richesse, du travail et des besoins de l'homme, subsistent dans toute leur intégrité. En dehors de la solution chrétienne, l'énigme du sphynx est indéchiffrable. La poursuite aveugle du bien-être matériel engendre une production illimitée; la production illimitée engendre un travail illimité; le travail illimité engendre l'abrutissement et la misère. Voilà le cercle vicieux dans lequel tourne incessamment l'économie politique. Elle fait bonne

[1] *Cours d'économie politique*, page 190.

contenance ; mais les chagrins qui lui viennent des paysans d'Irlande, des ouvriers anglais, des filateurs des Flandres, des habitants des caves de Lille empoisonnent ses jours. Ses enfants les plus chers, ceux qu'elle a réchauffés dans son sein et nourris de son lait, les socialistes de France, l'abreuvent d'amertume. Ils l'accusent de trahison ; ils lui demandent pourquoi elle ne réalise pas ses promesses de bien-être matériel. Elle y est impuissante. Elle voudrait bien pouvoir se décharger de ce soin sur la politique. Les économistes aux abois en appellent à l'Assemblée nationale ; ils s'écrient que sans doute on ne peut pas tout faire, qu'on n'improvise pas l'âge d'or, mais qu'il y a quelque chose à faire. Quoi ? Proposent-ils quelque chose ? Rien. C'est le plus misérable avortement qu'il soit possible d'imaginer. Ils provoquent des souscriptions ; ils rassemblent les Académies des Sciences morales et politiques ; ils publient des milliers de petits livres : tous leurs efforts, toutes leurs publications, tout leur argent n'aboutissent qu'à propager le socialisme et ses doctrines, ou plutôt ses appétits. Ils persistent à vouloir parler au nom du bien-être, semer le bien-être : ils recueillent le fruit de la semence qu'ils ont jetée au vent. Le bien-être ne vient pas, le travail s'en va, le malaise augmente, et la révolution les emportera avant qu'ils aient compris leur erreur.

La magnifique expérience que signalait, dès le commencement de ce siècle, à l'intelligence et à l'admiration des hommes, le génie incomparable de Joseph de Maistre, se poursuit avec une logique invincible. La démonstration du théorème : Hors de l'Eglise et de ses principes, il n'y a point de salut pour les sociétés chrétiennes, marche rapidement à sa conclusion. L'Eglise, cette société divine à laquelle nous appartenons, Monsieur, et que nous connaissons bien, qui reprend, aux yeux même des plus prévenus, comme une nouvelle vie, qui est dépositaire des principes vraiment conservateurs de l'ordre social et qui s'efforce tous les jours de les mettre en pratique, l'Eglise, sans laquelle l'Europe tomberait dès aujourd'hui en poussière, vaincra-t-elle les éléments de désordre si puissants autour d'elle et si souvent favorisés par les hommes même qui sont chargés de les combattre ? Vaincra-t-elle cette indifférence pour la vie de l'âme, cette passion pour le bien-être matériel, qui sont jusqu'à présent les caractères dominants de notre siècle et qui nous conduisent droit à l'abîme ? Je l'ignore. Nous vivons à une époque où Dieu a déjà fait tant de merveilles qu'on peut bien s'attendre à celle-là. Quoi qu'il en soit, il ne nous est pas ordonné de vaincre; il nous est ordonné de combattre. Ces mots d'un de nos plus chers amis et de nos meilleurs compagnons d'armes nous indiquent notre devoir. Quelle que puisse être l'issue de la lutte, il ne nous est pas permis de l'abandonner. La défaite, il est vrai, ne troublerait pas notre sérénité. Nous ne sommes pas de ceux qui meurent sans espérance : la nôtre est pleine d'immortalité[1]. Cet univers n'est que le vestibule du monde qui nous est destiné. Nous pouvons donc envisager, sans vaine terreur, l'avenir de la terre. Ce n'est pas une raison, toutefois, pour déserter le champ de bataille et nous croiser les bras, tranquilles spectateurs de la lutte qui se poursuit autour de nous. Restons au contraire dans la mêlée ; efforçons-nous de faire comprendre à ceux qui attaquent la société, comme à ceux qui la défendent, que s'ils essaient de la reconstruire ou de l'étayer sans le secours du Christianisme, ils travaillent en vain. Tout ce qu'ils disent, tout ce qu'ils écrivent, tout ce qu'ils font contre lui, les éloigne du but qu'ils voudraient atteindre. Il faut que l'économie politique moderne, lorsqu'elle se sent tentée de professer des doctrines contraires à la tradition et à la pratique chrétiennes, y regarde à deux fois et mette, comme dit l'Ecriture, une garde à ses lèvres. Je voudrais lui avoir persuadé de tenir cette conduite, quand il s'agit de la loi du travail et de la conquête du bien-être matériel. En cela, comme dans tout le reste, ce qui est fait contre le Christianisme est fait contre la société ; car il n'a pas cessé d'en être la pierre angulaire, et il est plus que jamais vrai de dire qu'à sa défaite ou à son triomphe sont attachés la ruine ou le salut du monde.

Veuillez agréer, Monsieur, l'expression de mes sentiments les plus dévoués.

F. LALLIER.

[1] Spes illorum immortalitate plena est. (*Ecclés.*)

Paris. — E. De Soye, imprimeur, 36, rue de Seine.

www.ingramcontent.com/pod-product-compliance
Lightning Source LLC
LaVergne TN
LVHW010255230826
846091LV00007B/2986
9782011790170